Ejercicios de
Ortografía

4 PRIMARIA

Complementos escolares

LAROUSSE

Dirección editorial
Tomás García Cerezo

Editor responsable
Sergio Ávila Figueroa

Redacción
María Lucía Moreno Sánchez

Ilustraciones
Nohé Gil Rosales, Pedro Alberto Martiñón Hernández

Formación
Astrid Guagnelli Sagarmínaga y Estudio Creativos

Portada
Ediciones Larousse, S.A. de C.V., con la colaboración de Estudio Creativos

Edición técnica y preprensa
Javier Cadena Contreras

D.R. © MMXIX Ediciones Larousse, S.A. de C.V. Renacimiento 180,
Col. San Juan Tlihuaca, Azcapotzalco,
Ciudad de México, C.P. 02400.

ISBN: 978-607-21-2116-4

ISBN de colección: 978-607-21-1463-0

Primera edición, febrero de 2019

Presentación

Este libro está organizado para ayudarte a mejorar aspectos importantes y básicos de la escritura: conocer y utilizar las normas para el uso correcto de las letras (grafías), emplear con propiedad los signos de puntuación y, finalmente, ampliar el vocabulario para evitar el problema de no saber cómo decir lo que necesitas expresar.

La ortografía se aprende mejor si tiene una finalidad; esto es, si se usa y se analiza en diversos textos. Por eso, en este libro las normas para el uso de grafías y signos de puntuación se presentan en ejemplos de estudio breves y fáciles de comprender. Además, para apoyar y consolidar tus aprendizajes, encontrarás esas reglas enunciadas de una manera sencilla, en recuadros colocados al centro de las páginas de tu libro.

De igual manera, encontrarás datos curiosos o que amplían tus aprendizajes en recuadros a la derecha de las actividades.

Este libro está organizado para que puedas estudiarlo y resolverlo durante el año escolar. A lo largo del mismo encontrarás las siguientes secciones:

Observa

Esta sección sólo pide de ti una cosa: que te diviertas con juegos que desarrollarán tu habilidad para observar.

Si miras con cuidado, descubrirás si una palabra se escribe con z, con s o con c, o si en una oración se colocó una coma o un punto. Esta habilidad te servirá para revisar y corregir tus escritos.

El mundo de las letras

La sección inicia con una lectura en la que se presenta la dificultad ortográfica que vas a estudiar. En lugar de que aprendas primero una regla, se te muestra cómo se emplean las grafías, las mayúsculas o los acentos para que después realices actividades que te ayudarán a descubrir esa norma.

Los signos de puntuación

La lengua escrita no cuenta con todos los recursos de la lengua hablada, como el tono, el volumen o el énfasis. Este problema se soluciona con el uso correcto de los signos de puntuación.

A partir del análisis de su uso, estarás en condiciones de emplearlo en tus escritos para darles la intención que deseas y para que todos puedan comprender tu mensaje.

Índice

La escuela, sus ceremonias y memorias

Observa

1 Encuentra las imágenes que se han perdido: 4 banderas mexicanas; 3 rehiletes; 2 listones tricolores; 1 sarape; 1 imagen de Miguel Hidalgo; 3 campanas de Dolores.

El mundo de las letras:
Uso de *c* en terminaciones *-cia*, *-cie*, *-cio*

1 Lee el texto.

Es el **inicio** de clases. Los alumnos y alumnas de 4º grado están muy entusiasmados, pues les toca organizar la ceremonia cívica del 15 de septiembre; son los alumnos que están a la mitad de la primaria y les gustaría que esta celebración fuera de gran **trascendencia**, por lo que buscarán la participación de todos los alumnos de la escuela.

Han elaborado un **anuncio** para motivar la participación de todos los grupos. En la entrada de la escuela se puede leer:

Para que la fiesta inicie, te invitamos a participar en la ceremonia de la **Independencia**. No faltes. Esta celebración tiene gran **importancia**, pues es símbolo de orgullo para nuestra nación.

Informes e inscripciones en el grupo de 4º grado.

Vocabulario

anuncio: aviso o promoción de alguna actividad o evento.

inicio: principio o comienzo de algo.

trascendencia: que tiene importancia.

2 Comenta con tus compañeros.

¿Cómo te gustaría que fuera la celebración del 15 de septiembre en tu escuela?

_____

_____

¿En qué te gustaría participar? ¿Por qué?_____

_____

3 Copia las palabras destacadas en la lectura.

_____   _____   _____

_____   _____   _____

4 ¿Qué otras palabras conoces que tengan la misma terminación? Escríbelas en las líneas.

-cie	-cia	-cio
_____	_____	_____
_____	_____	_____

5 Elige una palabra de cada columna y escribe tres oraciones en las que las emplees.

_____

_____

_____

6 Carolina escribe su diario personal para reseñar sus actividades del día y ha elaborado una lista de palabras para consultar cómo se escriben en el diccionario. Ayúdala a completarlas con las terminaciones -cia, -cie y -cio, según corresponda.

o_____

cansan_____

experien_____

calvi_____

espe_____

¿Qué crees que haya escrito Carolina en su diario?

_____

_____

7 Utiliza las palabras que acabas de completar y elabora un texto que exprese las vivencias de Carolina, la niña que dirigió la ceremonia del 15 de septiembre.

_____

_____

_____

_____

Las palabras que terminan en *-cia*, *-cie*, *-cio* se escriben con **c**. Las únicas excepciones son *ansia*, *hortensia* y *Hortensia*.

8 Reflexiona sobre la información que te ofrece el recuadro y comenta con tus compañeros cuál es la diferencia entre *hortensia* y *Hortensia*.

_____

_____

_____

_____

9 Organizados en equipos, elaboren un texto utilizando las palabras que son excepciones de la regla para el uso de *c*.

ansia	hortensia	Hortensia

Pueden iniciar sus relatos así:

El domingo fuimos al mercado y…

La maestra nos pidió…

En un invernadero…

_____

_____

_____

_____

_____

_____

▶El mundo de las letras:
Reglas de acentuación (repaso)

1 Lee el relato.

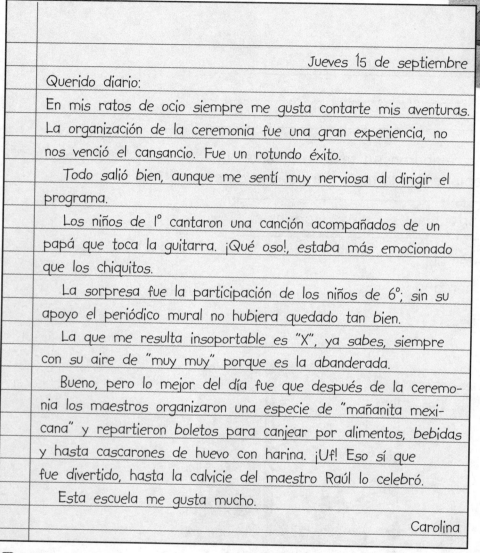

Jueves 15 de septiembre

Querido diario:

En mis ratos de ocio siempre me gusta contarte mis aventuras. La organización de la ceremonia fue una gran experiencia, no nos venció el cansancio. Fue un rotundo éxito.

Todo salió bien, aunque me sentí muy nerviosa al dirigir el programa.

Los niños de 1° cantaron una canción acompañados de un papá que toca la guitarra. ¡Qué oso!, estaba más emocionado que los chiquitos.

La sorpresa fue la participación de los niños de 6°; sin su apoyo el periódico mural no hubiera quedado tan bien.

La que me resulta insoportable es "X", ya sabes, siempre con su aire de "muy muy" porque es la abanderada.

Bueno, pero lo mejor del día fue que después de la ceremonia los maestros organizaron una especie de "mañanita mexicana" y repartieron boletos para canjear por alimentos, bebidas y hasta cascarones de huevo con harina. ¡Uf! Eso sí que fue divertido, hasta la calvicie del maestro Raúl lo celebró.

Esta escuela me gusta mucho.

Carolina

2 Responde las preguntas y compáralas con las de tus compañeros

¿Quién escribió este relato?

_____

¿Qué crees que hicieron los alumnos de 6º?

_____

¿Por qué crees que Carolina dice que le gusta la escuela?

_____

3 En algunas páginas de este diario los acentos no se ven bien. Ayuda a la autora a marcarlos con rojo en las palabras donde sea necesario.

Organizacion   papa

salio   escuela

senti   abanderada

aventuras   mañanita

cantaron   mexicana

guitarra   programa

exito   periodico

sorpresa   mural

ceremonia   alimentos

4 Responde las preguntas.

¿Todas las palabras llevan el acento escrito? _____

> Las palabras son **agudas** si la sílaba tónica es la última (*mar-fil, con-tes-tó*).
>
> Las palabras **graves** o **llanas** son aquellas cuya sílaba tónica es la penúltima (*ca-sa, más-til*).
>
> Las palabras cuya sílaba tónica es la antepenúltima se llaman **esdrújulas** (*má-qui-na*). Las palabras esdrújulas siempre llevan el acento escrito.

Todas las palabras tienen una **sílaba tónica** o que suena más fuerte, pero no todas llevan el acento escrito. Cuando el acento sólo se pronuncia pero no se escribe se llama **acento prosódico**. Cuando el acento se escribe se llama **acento gráfico** o **tilde**.

5 Escribe algunas palabras que lleven acento gráfico.

Palabras agudas	Palabras graves	Palabras esdrújulas

▶Los signos de puntuación:
Uso de la coma antes y después del vocativo

Cartas al director

1 Los alumnos de 4° grado han decidido escribir cartas de agradecimiento al director de la escuela. Lee atentamente las propuestas.

> México, D.F., 30 de septiembre
>
> Profr. Enrique, utilizamos este medio para agradecer las facilidades que nos dio durante la organización de la ceremonia del 15 de septiembre en nuestra escuela.
>
> Esperamos seguir contando con su confianza y apoyo en la organización de otros eventos.
>
> Atentamente
>
> Alumnos de 4o grado.

> México, D.F., 30 de septiembre
>
> Los alumnos de cuarto grado agradecemos el apoyo que nos brindó en la organización de la ceremonia del 15 de septiembre en nuestra escuela, maestro Enrique.
>
> Ojalá que nos siga apoyando en la realización de otros eventos.
>
> Atentamente
>
> Alumnos de 4° grado.

> México, D.F., 30 de septiembre
>
> Nos dirigimos atentamente a usted, maestro Enrique, para agradecer el apoyo que nos brindó en la organización de la ceremonia del 15 de septiembre en nuestra escuela.
>
> Deseamos seguir colaborando en la organización de otros eventos y le agradecemos la confianza que depositó en nosotros. Sin más por el momento, nos despedimos.
>
> Alumnos de 4° grado.

2 ¿Cuál de las cartas anteriores consideras más adecuada para enviar al director? ¿Por qué?

_____

_____

3 Señala en las cartas, con color rojo, las comas que aparecen inmediatamente antes y después de lo siguiente:

profr. Enrique   maestro Enrique   maestro Enrique

> Si va al principio de una oración, el **vocativo** (la expresión utilizada para llamar o dirigirse a alguien) lleva **coma** inmediatamente después, si se encuentra al final la lleva antes y si va en medio la lleva antes y después.

4 Coloca las comas que te permitan distinguir a quién está dirigido cada mensaje.

Es necesario bajar a la formación maestra Rosita.

La poesía coral maestro Rogelio es responsabilidad del tercer grado.

Maestro Enrique director de esta escuela.

Me acordé mucho de usted maestra Elvira el día de su cumpleaños.

Ven mamá a ver mi participación en la ceremonia.

Me gustaría tanto que vinieras a acompañarme en este evento papá.

5 Observa el vocativo (a quién están dirigidos los mensajes) de las oraciones anteriores, analiza y escribe.

¿Cuándo se escriben dos comas?

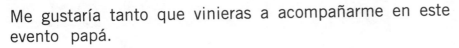

_____

_____

¿En qué caso se escribe la coma después del nombre del director?

_____

_____

¿Cuándo aparece la coma antes del nombre del director?

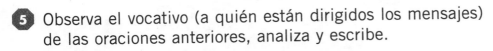

_____

_____

Noticias, transportes y diversiones

Observa

1 Identifica los transportes que circulan bajo la tierra.

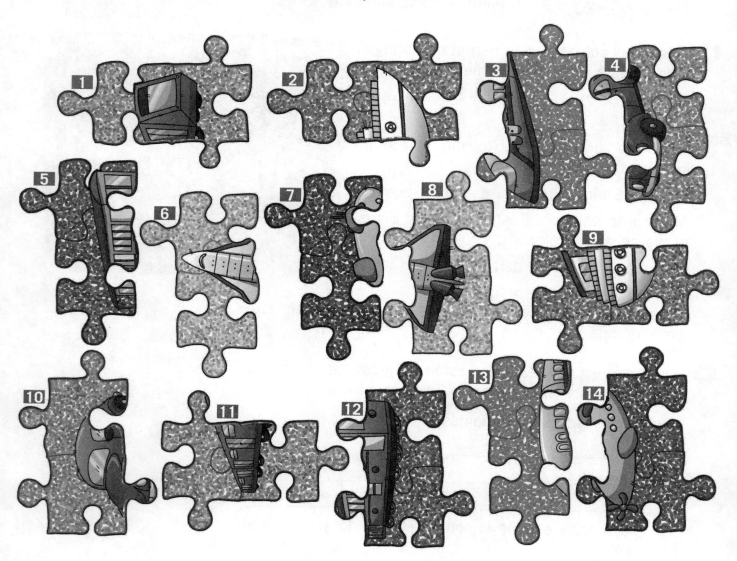

2 Escribe los números de las piezas en las que se observan el tren subterráneo y el tren bala.

_____   _____

_____   _____

_____   _____

►El mundo de las letras:
Uso de *b* en el prefijo *sub-*

1 Lee el texto.

Diario EL PATITO

México, D.F., miércoles 15 de octubre de 2008

Pronto los buzos podrán platicar mientras trabajan

Tres compañías británicas unen esfuerzos para desarrollar un sistema subacuático de comunicaciones a través del cual se transmitirán y recibirán datos de maquinaria submarina teledirigida. Los buzos podrán hablar bajo el agua y las comunicaciones en el medio subacuático aumentarán su calidad y velocidad.

Noticias desde lo profundo
El Metro

El tren subterráneo es actualmente parte del paisaje urbano de las grandes ciudades; es un transporte rápido, evita la contaminación y ayuda a recorrer la ciudad entera. Es también un espacio para difundir la cultura.

El tren subterráneo de Tokio se llama Oedo. Empezó a funcionar en el año 2000 y una de sus principales ventajas es la comodidad que ofrece a personas con capacidades diferentes. Cada estación tiene elevadores y escaleras automáticas; mapas guía con sistema de respuesta en audio y títulos en braille.

2 Responde las preguntas.

¿Cómo se le llama al tren subterráneo en nuestro país?

_____

¿Cómo te imaginas que puede realizarse la comunicación subacuática? _____

_____

_____

3 Subraya en el texto las palabras *subterráneo* y *subacuático*. Después responde las preguntas.

¿Qué letras se repiten al inicio de las palabras *subterráneo* y *subacuático*? _____

¿Conoces otras palabras que empiecen igual? Escríbelas.

_____

_____

> Un prefijo es la letra o letras que se escriben al principio de alguna palabra y modifican su significado, como *acuático* (relativo al agua) y *subacuático* (debajo del agua).

4 Agrega el prefijo *sub-* a las palabras que aparecen a continuación y escribe una oración breve con cada una de las palabras que formaste.

_____ secretaría _____

_____ múltiplo _____

_____ jefe _____

_____ sistema _____

_____ director _____

5 Observa y analiza: ¿qué significado adquieren las palabras al agregarles el prefijo *sub-*? Coméntalo con tu maestro y con tus compañeros.

_____

6 Completa la regla ortográfica.

La partícula _____ al principio de palabra significa bajo o debajo. Este prefijo se escribe con ___.

7 Escribe un texto relacionado con la imagen de esta página. Utiliza al menos tres palabras que lleven el prefijo *sub-*.

_____

_____

_____

_____

8 Reúnete con un compañero o compañera e intercambien sus escritos.

Subrayen las palabras que lleven el prefijo *sub-*.

Verifiquen que estén bien escritas.

El mundo de las letras:
Uso de *v* en los sufijos *-iva*, *-ivo*

1 Utiliza algunas de las siguientes palabras para completar el texto que aparece a continuación.

decisivo	pensativo	compulsivo
televisivo		emotivo

Paco quiere ser biólogo marino y en un mensaje _____ _____ se enteró de que en un futuro próximo los buzos podrán comunicarse con más facilidad gracias a los avances tecnológicos.

La maestra Paty le recomendó asistir a un campamento en vacaciones para descubrir si realmente le gustaría vivir cerca del mar. Paco estuvo muy _____ toda la mañana tratando de planear sus próximas vacaciones.

2 Subraya las palabras de la lista que tengan la terminación *-iva* o *-ivo*.

voluntarioso	imperativa	vengativa
imperativo	brillaba	compraba
necesitaba	cooperativa	preventiva
movilidad	elaboraba	curativa

3 Utiliza algunas de las palabras subrayadas para completar las oraciones.

La luz ámbar de un semáforo es _____.

La _____ dejó de funcionar por acuerdo de sus socios.

Si hay una necesidad urgente que atender, es un asunto prioritario o _____.

4 Agrega el sufijo *-iva* o *-ivo* para derivar las palabras. Fíjate en el ejemplo:

imaginación   imaginativo o imaginativa _____

recreación   _____

compulsión   _____

destruir   _____

contemplación _____

5 Ordena las sílabas y escribe las palabras que resulten:

trac a vo ti   _____

vo ti po si   _____

per vo sua si   _____

vo si ma   _____

pre ven vo ti   _____

> Las palabras que llevan los sufijos **-iva** o **-ivo** se escriben con **v**: *contemplativo, vocativo, imperativo; llamativa, exclusiva, correctiva.*

6 Consulta en un diccionario el significado de las palabras que acabas de escribir y anótalo en tu diccionario personal.

7 ¿Qué acontecimiento te recuerdan las palabras *festivo(a), imaginativo(a), emotivo(a)*? Nárralo a continuación utilizando las palabras.

_____

_____

_____

_____

_____

_____

Los signos de puntuación:
Utilización de punto y coma

1 Lee el texto y encierra en círculos rojos las comas (,) y en verdes los punto y coma (;) que encuentres.

SEMANARIO

OBSERVATORIO INFANTIL

México, D.F., miércoles 15 de octubre de 2008

Nueva Montaña Mega

La Feria Divertida inauguró la Montaña Mega, el Teleférico Panorámico y el paseo en el Río Salvaje. Los visitantes también encontrarán otras novedades en este parque recreativo, como la sección de comida rápida, la de juegos de destreza y una especial para niños de entre dos y cinco años.

La Montaña Mega está hecha con acero de baja aleación, ultrarresistente y de gran ligereza; se fabricó en Alemania, con partes hechas en Francia, y fue armada en México por excelentes ingenieros nacionales. En su punto más alto alcanza 33 metros, cuenta con 3 trenes de deslizamiento y logra una velocidad de 86 kilómetros por hora (km/h). Cada tren tiene capacidad para 20 personas y, en promedio, 600 personas por hora pueden vivir esta emocionante experiencia.

Para levantarla se necesitaron ochenta personas, tres toneladas de vigas de madera y miles de tornillos; seis grúas, veinte camiones y seis toneladas de cable de acero.

Con esta adquisición no se pretende sustituir a la clásica Montaña Rusa, pues en la actualidad el 60% de los visitantes acude a la Feria Divertida para realizar al menos un recorrido en este juego. La nueva Montaña Mega es una opción más de entretenimiento.

Atrévete, acude a la Feria Divertida y comparte con tus amigos la emoción de viajar en la nueva Montaña Mega.

2 Escribe las respuestas a las preguntas.

¿Te gustaría subir a la Montaña Mega? ¿Por qué?

_____

_____

Además de la Montaña Rusa, ¿qué otros juegos se pueden encontrar en un parque de diversiones?

_____

_____

3 Lee las opiniones y encierra en círculos rojos los punto y coma que encuentres.

El punto y coma (;) indica una pausa menor que el punto, pero mayor que la coma.

Creo que la Montaña Mega es segura, cómoda y divertida; veloz, atemorizante y emocionante.

Yo no volveré a subir a la Montaña Mega, pues sentí miedo y pánico; desconcierto y náuseas.

4 De acuerdo con los ejemplos, subraya la respuesta correcta en cada caso.

¿Cuándo se usa la coma?

Cuando se separan los elementos de una enumeración, ya sea de situaciones, objetos o nombres.

Cuando se hace una pausa mayor que la del punto.

Cuando se ordenan los elementos de una descripción por orden alfabético.

¿Cuándo se usa punto y coma?

Cuando se quiere iniciar un párrafo nuevo con una idea distinta a la anterior.

Para separar los elementos de una enumeración en expresiones en las que se han usado comas.

Cuando los elementos de una enumeración son sólo nombres de personas.

5 Coloca las comas y los punto y coma que faltan en los ejemplos.

La Feria Divertida es grande moderna y cómoda emocionante un poco terrorífica y alucinante.

En la construcción de la Montaña Mega se ocuparon muchas toneladas de acero miles de tornillos y litros y litros de pintura muchos hombres camiones y grúas.

Este tren de la diversión es cómodo seguro y veloz confortable entretenido y barato.

> Se usa **punto y coma** para separar enumeraciones en oraciones en las que se han usado comas. Por ejemplo: *El león es feroz, grande y temible; de buen olfato y excelente vista.*

6 Escribe las comas y los punto y coma que hacen falta en los siguientes textos.

Escribirte en medio del mar es emocionante. Disfruto la brisa el agua el sol y el atardecer la mañana las comidas y ver las estrellas. Saludos afectuosos.

Una flor es olorosa colorida suave tierna y sensible sutil humilde y amable.

De tradiciones, costumbres y leyendas

Observa

1 ¿Cuántos objetos hay en la ofrenda? Localiza los que se solicitan a continuación y cuéntalos. Anótalo sobre las líneas.

Banderitas de papel picado de color azul: _____

Calaveritas de azúcar: _____

Veladoras: _____

Ollitas de barro: _____

El mundo de las letras:
Uso de *r* al final de sílaba

1 Lee el texto.

Calavera el panadero,
calavera el impresor,
calavera el aguador
y calavera el ranchero.

El pintor y el rebocero,
todos juntos,
muy contentos,
al sepulcro van a dar.

General con charreteras,
sus parientes a llorar
a estas rancias calaveras
que a carcajadas se van.

2 ¿De qué tratan estos versos?

_____

_____

3 ¿Hay alguna palabra que no conozcas? Busca su significado
en un diccionario y escríbelo en las líneas. Usa letra cursiva.

_____

_____

_____

4 Escribe las palabras que señalan algún oficio o profesión y
divídelas en sílabas. Después responde lo que se te pregunta.

_____   _____

_____   _____

_____   _____

_____   _____

_____   _____

_____   _____

Al final de sílaba, ¿se escribe *r* o *rr*? _____

5 Divide en sílabas estas palabras.

cortar _____   curtir _____

hurtar _____   persuadir _____

escarmentar _____   mirto _____

cargar _____   barcaza _____

juzgar _____   vivir _____

6 Completa la regla ortográfica con una de las palabras.

| principio | | final |

Al _____ de sílaba siempre se escribe una sola *r*.

7 Resuelve el crucigrama de palabras con *r*.

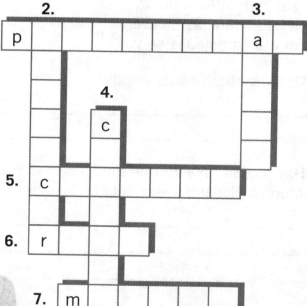

Horizontales

1. Tomar parte o intervenir.
5. Cría de la oveja.
6. Raspar con los dientes una cosa, arrancando algo de ella.
7. Tercer día de la semana.

Verticales

2. Dar aire con el abanico.
3. Instrumento de hierro que se utiliza para la captura de ballenas y peces de gran tamaño.
4. Parte externa de algunos cuerpos y órganos animales o vegetales.

24

El mundo de las letras:
Uso de *c* en palabras con *xc*

1 Lee el texto.

Fiestas populares
(fragmento)

Las fiestas en México son el reflejo de la rica herencia cultural prehispánica y el fervor religioso impuesto por el colonialismo español. En ellas se palpan los sentimientos más profundos del pueblo mexicano y el valor social que cada región les otorga.

En la organización participan todos los sectores sociales, cada uno de ellos en el papel que le da la comunidad. El más significativo es el de las "mayordomías", o encargados de la fiesta, que pueden ser "nombramientos" por tiempo determinado o permanentes; esto es, son elegidos específicamente para una celebración en particular o por mucho tiempo, dependiendo de cada sitio. Otros cargos importantes son los siguientes: los encargados de la música, los que deben ocuparse de la pirotecnia (cohetes, castillos, "toritos") y los que tienen la responsabilidad de elaborar las comidas tradicionales especiales para la ocasión.

Hay diferentes categorías de fiestas: las tradicionales, las cívicas (que se festejan en todo el país) y las ferias.

En México hay más de 5 000 fiestas populares que se celebran en diferentes regiones del país y en distintos días. **Excepto** junio, el resto de los meses del año tiene casi una fiesta cada día. Esto nos demuestra que el mexicano tiene muy bien ganada la fama de "pueblo fiestero" en **exceso**.

www.elportaldemexico.com/fiestaspopulares/fiestaspopulares.htm
(Consultada el 5 de septiembre de 2007.)

2 ¿Qué fiestas populares se celebran en el lugar donde vives?

_____

3 Escribe las palabras resaltadas en la lectura anterior. Fíjate bien en la ortografía.

_____   _____

4 Lee las oraciones y subraya las palabras que tengan las consonantes *xc*.

Aunque parezca un exceso, en esta región hay hasta dos celebraciones por día.

Excepto el primero de mayo, todos los días trabajamos.

Por ninguna razón se desperdiciará el excedente de papel de China.

Este año, el mayordomo (el encargado de la fiesta) tuvo un excelente papel.

Algún excéntrico tuvo la ocurrencia de hacer al revés las banderas para el desfile.

5 Con ayuda de un diccionario, escribe dos palabras derivadas de las que se anotan a continuación. Usa letra cursiva.

exceso   excepto   excelente

_____   _____   _____

_____   _____   _____

> La combinación *xc* se encuentra en palabras como *exceso, excepto, excedente, excitable* y sus derivadas.

6 Juega "Tripas de gato" con un compañero. Une, por medio de una línea, las palabras que pertenezcan a una familia, como se muestra en el ejemplo.

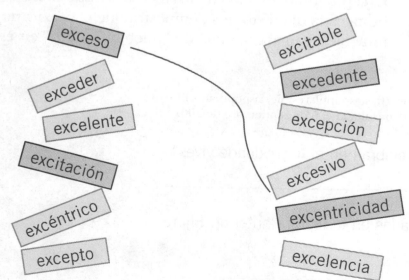

Los signos de puntuación:
Uso de los dos puntos (:)

1 Lee el relato y señala con color rojo los dos puntos (:) que encuentres.

La X'Tabay
(fragmento)

Se dice en las tierras lejanas del Mayab, que hubo una vez un lugar donde vivieron dos hermanas. Las dos eran muy bellas: tenían un lindo rostro, un hermoso cabello, una dulce voz, una intensa mirada y labios de color carmín. Sin embargo, su manera de ser era muy diferente, más bien opuesta.

La hermana menor era dulce, cariñosa y de una nobleza de alma que la hacían ser muy popular y querida en el pueblo. La mayor, en cambio, era mala y se sentía muy superior a los demás, lo que la hacía insoportable.

Un día, la menor contrajo matrimonio con el joven más guapo y apuesto del lugar. Pero con ello se ganó la envidia y el odio de su hermana mayor, de tal modo que la mala mujer decidió matarla.

La muerte de la dulce joven causó mucho dolor y pena. A su entierro asistieron todos los habitantes del pueblo: campesinos, comerciantes, amas de casa, niños y niñas de la comunidad la acompañaron llevando flores hasta su tumba.

A la mañana siguiente, en el sitio donde fue enterrada, brotó una planta muy bella, con flores olorosas y que producen mucha miel; su nombre en maya es x'tabentún.

El marido de la joven no pudo contener su rabia y decidió vengarse matando a la malvada hermana.

Luego de esta muerte, cuentan que en el pueblo ocurrieron cosas muy extrañas: un olor a podrido empezó a invadir el ambiente, comenzaron a salir alimañas del monte y en el lugar donde fue enterrada brotó una planta con muchas espinas.

Desde entonces, muy entrada la noche, se aparece al pie de las **ceibas** de los caminos del Mayab una bella mujer de cabellos muy largos al paso de los hombres.

—¿A dónde vas? Ven acá —ordena la X'Tabay.

Cuentan que con estas palabras los hechiza para llevárselos y nunca más se les vuelve a ver. De los infortunados se dice: "Se los llevó la X'Tabay".

2 Elige alguna de las frases del relato donde se encuentra el signo de puntuación llamado dos puntos y escríbela con letra cursiva en las siguientes líneas. Debes poner en rojo los dos puntos.

_____

_____

_____

_____

_____

_____

_____

Vocabulario

ceiba: árbol de gran altura que crece en la selva tropical.

Los **dos puntos** detienen una oración para anunciar lo que sigue. Entre otros usos de este signo están los siguientes.

Antes de una enumeración. Por ejemplo: *Todos traerán a la escuela los siguientes materiales: cartulina, tijeras, pegamento y un listón de veinte centímetros.*

Para separar los ejemplos del resto de la oración. Por ejemplo: *Su comportamiento deja mucho que desear: hoy llegó gritando a todo el mundo y sin saludar.*

También se pueden poner dos puntos después de expresiones como *por ejemplo* o *los siguientes*.

3 Coloca dos puntos donde corresponda. Usa color rojo.

La leyenda de X'Tabay tiene las siguientes características es breve, señala el origen de una bebida típica de la región y trata de explicar la desaparición de algunos hombres.

Algunos productos típicamente yucatecos son el x'tabentún, los objetos hechos con fibra de henequén y las guayaberas.

En las paredes de mi salón de clases hay lo siguiente un planisferio, un mapa de América, uno de México y uno de Yucatán.

4 Observa nuevamente los textos y responde. En estos casos, después de los dos puntos y cuando no se inicia un nuevo renglón, ¿se usa mayúscula o minúscula?

_____

5 Haz una lista de cinco actividades que realizas en tu casa o en la escuela para celebrar el Día de Muertos.

_____
_____
_____
_____
_____

6 Escribe una oración con cada una de las actividades y agrégales una enumeración utilizando los dos puntos, como en este ejemplo.

Escribir calaveritas para las siguientes personas: amigos de la escuela, familiares, artistas.

_____
_____
_____
_____
_____
_____
_____
_____

7 Trabaja con un compañero o compañera. Lee en voz alta tus oraciones para verificar si has escrito ideas completas y ordenadas y si has colocado correctamente los signos de puntuación.

Animales raros

Observa

1 Localiza los animalitos que se encuentran perdidos entre la selva.

2 Contesta las preguntas.

¿Cuántos animalitos localizaste? _____

¿Alguno de ellos podría ser tu mascota? ¿Por qué? _____

_____

3 Encierra en círculos rojos a las zarigüeyas. Si no sabes cuáles son, pregunta a tus compañeros o a tu maestro.

El mundo de las letras:
Uso de *b*: *bd*, *bs*

1 Lee esta información.

El marsupial de América

La zarigüeya o tlacuache tiene hocico largo y puntiagudo, ojos grandes, orejas sin pelo y un olfato muy desarrollado; es un mamífero nocturno que vive preferentemente en los árboles de la selva o del bosque. Se alimenta de ratas, ratones, gusanos e insectos.

Tiene una larga cola que utiliza para trepar a los árboles y cinco dedos en cada pata; en las posteriores tiene pulgares oponibles, como los de la mano humana.

Es un marsupial, pues tiene una bolsa en el **abdomen** donde cobija a sus crías, que a los 10 días de gestación trepan por un camino de saliva que la madre les ha trazado entre el pelaje para que los pequeños embriones, de apenas nueve milímetros y completamente ciegos, libren los **obstáculos** hasta llegar a las tetillas dentro del marsupio que tiene la madre en la parte exterior del abdomen.

Después de dos meses las crías salen de la bolsa y se colocan en la cola y en el lomo de la madre, como se puede **observar** en el dibujo.

La zarigüeya o tlacuache es un auténtico fósil viviente. Se estima que ha **subsistido** mucho tiempo sin experimentar cambios notables en su fisonomía.

2 Responde las preguntas.

¿Te animarías a tener un tlacuache como mascota? ¿Por qué?

_____

_____

¿Qué es lo que te parece más interesante de los tlacuaches?

_____

_____

_____

El tlacuache o zarigüeya se conoce también como canchaleco en Perú, chucha en Colombia y tacuarín en El Salvador.

31

3 Escribe con letra cursiva las palabras resaltadas en el texto que leíste.

_____ _____

_____ _____

4 Con las palabras que anotaste, escribe otras que formen una familia, como se observa en el ejemplo.

abdomen ____abdominal____ _____

observar _____ _____

subsistido _____ _____

5 Utiliza algunas de las palabras que escribiste en las actividades 3 y 4 o sus derivadas para completar estas oraciones.

He _____ a mi mascota y creo que es capaz de saltar ese obstáculo.

Desde el _____ central, se anuncia el estado del tiempo.

¿Tienes dolor _____? Es mejor que te revise un médico.

Los tlacuaches necesitan que se respete su hábitat para poder _____.

Si te empeñas, podrás hacer los cincuenta _____ ____ que te pidió la maestra de Educación Física.

6 Algunas palabras se encuentran escritas al revés en el lomo de la zarigüeya. Acomódalas y escríbelas con letra cursiva en las líneas. Usa un diccionario si desconoces el significado de alguna.

abdicar

absolver

absurdo

_____ _____ _____

7 Analiza las palabras que acabas de escribir y completa la regla ortográfica.

Las combinaciones _____ y _____ se escriben con _____.

▶El mundo de las letras:
Uso de *b:* terminaciones *-bunda, -bundo*

1 Lee el texto para saber más acerca del tlacuache.

Las actuaciones del tlacuache

El tlacuache, de apariencia tímida y pacífica, es el único marsupial que vive en América. Pertenece a la familia de los **didelfos**.

Es muy veloz entre los árboles pero en el piso se vuelve lento. Es famoso por las actuaciones que tiene frente a sus agresores, pues es capaz de entrar a un estado de "coma" voluntario y de expeler un olor <u>nauseabundo</u> que lo libra de los ataques de otros animales.

La destrucción de su hábitat natural ha obligado a este marsupial a sobrevivir buscando comida en los basureros, donde <u>abunda</u> la fauna nociva, por lo que, injustamente, se le incluye en este grupo de animales.

2 Escribe las palabras del texto que están subrayadas:

_____   _____

3 Lee las oraciones y completa con una palabra que termine en *-bunda* o *-bundo*, o sus plurales, relacionada con la que se encuentra resaltada. Usa letra cursiva.

La **náusea** es una sensación terrible.

El tlacuache despide un olor _____.

El ogro del cuento está **furioso**.

Es un ogro _____.

El mensaje de la obra es para **meditar**.

La obra de teatro me dejó _____.

> Las terminaciones *-bunda* y *-bundo* se escriben con *b*.

Vocabulario

didelfos: mamíferos que se caracterizan por que las hembras tienen una bolsa donde están contenidas las mamas y sus crías permanecen ahí al nacer, como la zarigüeya y el canguro. Hoy se conocen más como marsupiales.

4 Utiliza las terminaciones *-bunda* y *-bundo* para transformar las siguientes palabras. Fíjate en el ejemplo.

furia	furibunda	furibundo
vagancia	_____	_____
tremendo	_____	_____
meditación	_____	_____
errante	_____	_____

5 Busca en un diccionario el significado de las palabras que no conozcas.

6 Completa las siguientes oraciones con palabras de la lista anterior.

Si alguien te hace enojar y gritas, se puede asegurar que estás _____ _____.

Una persona que camina y camina sin llegar a ninguna parte es alguien _____ _____.

El tlacuache de la canción de Cri-Crí es un ropavejero con apariencia de _____ _____.

Si ves que estoy _____ es que estoy buscando la solución a un problema.

7 Imagina que encuentras un tlacuache en el patio de tu casa. ¿Qué harías? Descríbelo utilizando palabras terminadas en *-bunda* o *-bundo*. Hazlo con letra cursiva.

_____

_____

_____

_____

_____

_____

_____

8 Reúnete en equipo y lee a tus compañeros el texto que escribiste.

▶Los signos de puntuación:
Uso de puntos suspensivos (…) en ideas incompletas y en suspenso

1 Lee el relato.

El coyote y el tlacuache

Dicen que así sucedió…

Había una cueva y el tlacuache tenía las patas apoyadas sobre la pared. Un coyote intrigado por la postura del tlacuache se acercó y le preguntó:

—¿Qué haces, tlacuache?

—Nada, estoy deteniendo el techo para que no se caiga, porque si se cae nos atrapa. Ayúdame a sostenerlo.

El coyote levantó sus dos patas delanteras y se puso frente a la pared de la cueva para ayudar al tlacuache.

—Voy a traer un puntal. Haz fuerza porque lo voy a soltar.

El tlacuache se puso en cuatro patas y se fue.

El coyote, después de un buen rato, ya no aguantaba más la postura y pensó desesperado: "Cuándo volverá ése que se fue a buscar el puntal".

Después de esperar mucho tiempo, ya cansado de mantenerse en dos patas, el coyote se dio valor y saltó con fuerza a un lado, escapando luego a todo correr. Cuando volteó a ver si no se caía el techo de la cueva, descubrió que no había sucedido nada.

2 Comenta con un compañero o compañera qué fue lo que hizo el tlacuache.

3 Cambia la primera frase, la que inicia el cuento, por otras dos que se usen generalmente para empezar las narraciones. Coloca al final de ellas los puntos suspensivos, como en la lectura.

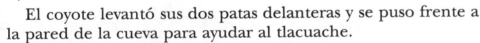

4 Completa las frases para crear otros finales, diferentes al de la lectura.

Después de esperar mucho tiempo…

_____

Después de esperar mucho tiempo, ya cansado de mantenerse en dos patas, el coyote se dio valor y…

_____

5 ¿Para qué sirven los puntos suspensivos (…) que se encuentran al final de cada frase? Responde en la línea con letra cursiva.

_____

> Los **puntos suspensivos** (…) se usan para dejar inconclusa una idea, una oración o una explicación, con el fin de crear suspenso o intriga.

6 Mariela agregó como reflexión final del cuento el refrán que aparece a continuación. Complétalo subrayando la respuesta correcta.

"Más vale maña…

que levantarse temprano".

que fuerza".

que corazón contento".

7 ¿Crees que sea una frase adecuada para finalizar el cuento del tlacuache y el coyote? ¿Por qué? Escribe tu opinión.

Yo creo que…

8 ¿Conoces otros sabios consejos populares o refranes? Escribe dos.

_____

_____

_____

_____

9 Lee el inicio de los siguientes refranes, complétalos y comenta su significado o las situaciones en que resulte oportuno usarlos.

"No por mucho madrugar...   "Candil de la calle...   "Más vale pájaro en mano...

_____   _____   _____

10 Escribe en las líneas el inicio de cada refrán y agrega los puntos suspensivos, como señal de frase incompleta. Fíjate en el ejemplo.

"En la casa del ciego... el tuerto es rey".	_____ ni tanto que no lo alumbre".
_____ no se le ve el colmillo".	_____ a aullar se enseña".
_____ no mires a quién".	_____ tal astilla".

11 Elige uno de los refranes que completaste y haz un dibujo que ilustre su significado.

En el supermercado

Observa

1 Mira con atención las imágenes.

2 Relaciona con líneas las figuras con su silueta.

El mundo de las letras:
Uso de *j* al inicio de palabra

1 Lee el texto.

Jesús y Jimena trabajan en un supermercado los fines de semana. Utilizan un jabón especial para limpiar el área de las cajas y un jalador con una jerga grande para limpiar los pasillos.

Su jefe de piso es un joven jalisciense que les **asigna** sus tareas y les da consejos para realizar mejor su trabajo.

Al terminar cada jornada deben acomodar los productos en las secciones correspondientes.

2 Subraya las palabras del texto anterior que empiezan con *j* y escríbelas a continuación.

_____   _____   _____

_____   _____   _____

_____   _____   _____

3 Une con líneas los productos con la sección a la que pertenecen. Algunos se repiten y unas secciones no tienen producto.

jabón

jerga

jícama

jitomate

jocoque

jugos

jamón

salchichonería

lácteos

enlatados

frutas y verduras

productos de limpieza

material eléctrico

bebidas

4 ¿Con qué letra inician las palabras que nombran los productos del supermercado?

_____

5 Jesús y Jimena tienen que encontrar algunos alimentos que fueron colocados en el lugar equivocado. Encuéntralos y escribe sus nombres sobre las líneas. Todos los nombres empiezan con *j*.

_____   _____

_____   _____

_____

6 Luego de ordenar los productos en el supermercado, Jesús y Jimena resuelven crucigramas en sus ratos libres. Ayúdales con el siguiente, que tiene algunas de las palabras con *j* de la actividad anterior.

Horizontales

1. Alimento parecido al yogur que se prepara a partir de leche agriada.

2. Persona que fabrica o vende jabón.

3. Tubérculo que se come con sal, chile y limón. Es parecido a la cebolla.

4. Trapo que se utiliza para fregar o limpiar.

Verticales

1. Variedad de tomate, rojo, carnoso y grande.

3. Plural. Líquido contenido en las frutas y verduras.

7 Escribe una oración con cada una de las palabras del crucigrama. Cuida el uso de la consonante *j*.

_____

_____

_____

_____

_____

El mundo de las letras:
Uso de *j*: *ja* y *jo* al final de palabra

1 Lee el texto.

Relajo en la cocina

Un día fui al mercado y cuando volví,
con mucho pesar, un **relajo** ante mis ojos vi…
Un **ajo** listo para acompañar el té,
el **tasajo** al alcance del gato,
una **raja** de chile para endulzar el café.
Don Chucho con yerbas en **manojo**
y para el colmo de mi **enojo**,
don Chucho tuvo el **arrojo**
de ensuciar mi mantel **rojo**.
Para evitar tanta avería,
mañana mismo echaré el **cerrojo**.

Vocabulario

tasajo: trozo de carne seca
y salada.

2 Escribe con letra cursiva las palabras que aparecen resaltadas en el texto anterior.

_____ _____ _____

_____ _____ _____

_____ _____ _____

3 ¿En qué se parecen las palabras que acabas de escribir?

_____

4 Completa la regla ortográfica.

Las palabras con terminación *ja* y _____ se escriben con

_____.

41

5 Utiliza las siguientes palabras con terminación *ja* y *jo* para escribir un relato relacionado con una visita al mercado.

Vocabulario

mojo: preparado que se hace con ajo, vinagre, sal y pimienta; sirve para guisar el pescado y otros alimentos.

	raja, caja, rojo, mojo, ajo, tasajo

Antes de las vocales **a**, **o** y **u** se escribe **j** cuando se quiere representar el sonido áspero o **fuerte**, como en *jitomate*. Si se escribiera **g** se estaría representando el sonido **suave**, como en *gato*.

6 Escribe una oración con cada una de las siguientes palabras. En caso de duda sobre el significado de alguna, consulta un diccionario.

agasajo _____

migaja _____

mijo _____

7 Reúnete con un compañero o compañera y comparen sus oraciones. Corrijan los errores que encuentren y en caso de duda consulten un diccionario.

Los signos de puntuación:
Uso del paréntesis para indicar fechas y para complementar información

 Lee el texto.

Además de colocar los productos en las secciones del supermercado, Jesús y Jimena han aprendido a comparar la calidad de los productos y a mejorar sus hábitos como consumidores. Lee la información del boletín que consultan cada mes.

Boletín del consumidor

Se le **prendió** el **foco**

El 21 de octubre de 1878, Tomás Alva Edison (1847-1931), uno de los grandes inventores del siglo XIX, dio a conocer al mundo la lámpara incandescente o foco, como ahora lo conocemos.

¿Lo sabías?

En los países más desarrollados, las pilas usadas se recolectan por separado (no con toda la basura doméstica), pues están hechas con sustancias químicas tóxicas para el cuerpo humano y para el medio ambiente. Se envían a tiraderos especiales llamados "rellenos de seguridad".

Ponte las pilas

Tú puedes fabricar tus propios contenedores para desechar pilas usadas. Sólo necesitas dos recipientes de plástico libres de humedad: uno será para las pilas cilíndricas (las "normales") y otro para las pilas de "botón" (como las que usan los relojes).

2 Escribe en el lugar correspondiente los datos que aparecen entre paréntesis en las notas del boletín del consumidor.

Fecha de nacimiento y muerte de un autor

_____

Nota aclaratoria

_____

Información adicional

_____

> Las fechas de un evento, de un periodo o de nacimiento y muerte de una persona se pueden escribir entre los signos de puntuación llamados **paréntesis** ( ), a la manera de una nota aclaratoria. Por ejemplo:
>
> El Día del Trabajo (*1º de mayo*) no vamos a la escuela.
>
> La Guerra de Independencia (*1910-1921*) permitió la construcción del México independiente.
>
> La escritora Gabriela Mistral (*1889-1957*) nos dejó hermosos poemas.
>
> También se escriben entre paréntesis palabras o frases relacionadas con lo que se va diciendo para ampliar, ilustrar o dar ejemplos del tema tratado. Por ejemplo:
>
> Elena Juárez (*la estudiante más destacada de 4º grado*) es alumna de esta escuela desde preescolar.

3 Analiza las notas del boletín sin leer la información que aparece entre paréntesis y contesta lo siguiente.

¿La información entre paréntesis es indispensable para comprender el texto?

_____

_____

¿Para qué sirven los paréntesis?

_____

_____

_____

4 Completa la información de las siguientes oraciones escribiendo entre paréntesis lo que se te indica en la columna de la derecha. Fíjate en el ejemplo:

En palabras muy simples, puede decirse que un watt es la cantidad de energía que un aparato (radio, televisor, estéreo, refrigerador, foco, ventilador) consume por segundo.	Anota los nombres de algunos aparatos.
El grito de Independencia (_____ _____) señala un momento histórico para México.	Escribe la fecha del acontecimiento.
Cada una de las estaciones del año (_____ _____) tiene características propias y cada una a su manera nos muestra su belleza.	Registra los nombres de las cuatro estaciones.
La ciudad de México (_____ _____) se conoce también como *La ciudad de los palacios*.	Incluye un dato sobre los habitantes de la ciudad, en relación con otras ciudades del mundo
Los niños de esta historia (_____ _____) no perciben un salario semanal por su trabajo en el supermercado.	Escribe el nombre de los niños.

5 Crea o busca en tus libros de texto dos oraciones en las que se empleen los paréntesis para separar fechas o notas aclaratorias de la oración principal. Escríbelas en las líneas.

_____

_____

_____

_____

_____

Alimentación, buenos hábitos y salud

Observa

1 Completa las ilustraciones dibujando las partes que faltan en cada una.

▶El mundo de las letras:
Uso de *c* en *-ancia* y *-encia*

1 Lee el texto.

El almuerzo escolar

¿Qué es el **almuerzo** escolar? ¿Cuál es su importancia?

El almuerzo escolar es un refrigerio que no sustituye al desayuno. La **carencia** de nutrientes hace a los niños aparecer cansados, desganados y poco interesados en las actividades escolares.

La alimentación de un niño en edad escolar debe constar de tres comidas y dos **colaciones**. Conviene comer frutas de temporada en **abundancia** y considerar las **preferencias** y **sugerencias** de los niños.

Es importante garantizar que el refrigerio sea nutritivo, completo, equilibrado y variado. Tener **constancia** en los hábitos de alimentación permitirá el desarrollo sano de los futuros ciudadanos de nuestro país.

2 Describe tu almuerzo de este día.

_____

_____

Vocabulario

colación: alimento que se toma entre las comidas principales.

3 Compáralo con lo que dice el texto y responde.

¿Estás consumiendo fruta en abundancia? ¿Por qué lo afirmas?

_____

¿Crees que tu refrigerio es sano? ¿Por qué?

_____

¿Qué incorporarías a tu almuerzo escolar?

_____

4 Copia las palabras destacadas en la lectura del ejercicio 1 y subraya las terminaciones -ancia, -encia y sus plurales.

_____   _____

_____   _____

_____   _____

5 Complementa la información considerando las palabras estudiadas.

Las palabras con terminación _____, _____ y sus plurales se escriben con c. Por ejemplo:

_____

6 Agrega las terminaciones -ancia o -encia a los siguientes adjetivos. Fíjate en el ejemplo.

clemente   _____clemencia_____

importante   _____

virulento   _____

elegante   _____

Vocabulario

patógeno: que origina y desarrolla una enfermedad.

7 Utiliza las palabras que acabas de escribir para completar las oraciones de cada ilustración.

La _____ es característica de esta marca.

Tu asistencia a la reunión es de gran _____.

La _____ es la capacidad de un microorganismo **patógeno** de producir enfermedad.

El mundo de las letras:
Uso de palabras con *bv* y *dv*

1 Lee el texto.

El sueño

Todos necesitamos dormir. Necesitamos las horas de sueño para funcionar satisfactoriamente. Una tercera parte de nuestra vida transcurre mientras dormimos, y cuidar las condiciones en que descansamos es necesario para mantener la salud de nuestro organismo.

Es recomendable dormir al menos ocho horas cada día y, <u>obviamente</u>, mantener el dormitorio limpio y ventilado, así como tomar un poco de leche tibia con miel para relajar el cuerpo y aprovechar mejor el tiempo de descanso.

Mientras dormimos, soñamos tres a cuatro veces; en ocasiones logramos recordar imágenes de nuestros sueños, pero la mayor parte de ellos no pasan a formar parte de nuestras horas de **vigilia**.

Los sueños no siguen las leyes de la razón; ellos nos dan la posibilidad de <u>subvertir</u> el orden que nos rodea; es decir, en imágenes mentales modificamos situaciones que nos aquejan o que no nos gustan.

Sentir mucho sueño es una <u>advertencia</u> o un anuncio de nuestro cuerpo de que es tiempo de descansar. Es necesario hacerle caso.

Vocabulario

advertencia: llamar la atención sobre algo.

subvertir: trastornar, revolver, destruir para cambiar.

vigilia: estar despierto o en vela.

2 Escribe con letra cursiva las palabras que aparecen subrayadas en este texto.

_____

_____

_____

3 Fíjate en las palabras.

advenimiento

adviento

subvenir

adverbio

adversidad

advenedizo

adversario

subvención

subvalorar

4 ¿En qué se parecen?

_____

5 De acuerdo con tus observaciones, completa la información.

Después de las consonantes *d* y *b* se escribe _____; por ejemplo:

_____

6 Encuentra el significado de las palabras que no conozcas y agrégalas a tu diccionario personal.

7 Utiliza algunas de las palabras para completar las oraciones.

El tiempo de _____ es el anuncio de que pronto llegará la Navidad.

Con la espada preparada, el príncipe fue en busca de su _____ .

Contra viento y marea, lucharé hasta triunfar y así venceré la _____ .

▶Los signos de puntuación:
Uso de puntos suspensivos (...)

1 Lee los textos y escribe un final para cada relato.

Hace mucho tiempo, en la zona de la Huasteca, la lluvia duró tres días y tres noches. Cuentan que un jinete montado en su caballo azabache intentó llegar a Tamazunchale, pero se atascó y por más que quiso no logró sacar a su corcel del lodo, ahí lo dejó y ocurrió que...

_____

_____

_____

Cuentan en Tacuilin (lugar de gusanos) que en el manantial donde las mujeres iban a lavar vieron una viborita que parecía gusano y la empezaron a alimentar con nixtamal.

Con el tiempo, ese gusano fue creciendo y creciendo hasta que se convirtió en una gran víbora que ya no cabía en el manantial, por lo que salió a vivir al pueblo. Entonces, los niños y las niñas asustados pensaron que...

_____

_____

_____

Eran las doce de la noche y el fantasma dormía en su cama.

Esa noche, igual que todas las noches, sonó el despertador y el fantasma se levantó rápido. Pero...

_____

_____

_____

2 Formen equipos y lean los finales de cada relato. Elijan uno para compartir con el grupo.

3 Subraya la respuesta correcta en cada caso.

¿Qué signo de puntuación se encuentra al final de cada fragmento?
   Coma
   Punto final
   Puntos suspensivos

¿Qué función tiene este signo de puntuación?
   Para señalar el final de los relatos.
   Se utilizan para señalar misterio o terror, o que la narración no está terminada y así crear expectación.
   Se emplean para indicar que un refrán está sin terminar.

4 Coloca en las siguientes oraciones los puntos suspensivos donde se requieran para indicar que la idea no se ha terminado, es decir, que queda inconclusa.

Esta mañana hicimos el examen de Geografía y creo que mi calificación fue

Mi amigo Daniel estuvo enfermo la semana pasada; hoy vino a la escuela pero sus papás pasaron por él porque tenía consulta médica, yo creo que Daniel

5 Escribe los puntos suspensivos que hagan falta y completa la tira cómica.

1. Manolo y Susana han pasado toda la mañana conversando en el parque.

2. Al mediodía caminan rumbo a su casa.

3. Y mientras conversan animadamente

6 Muestra al grupo tu trabajo.

7 Elige la oración que te parezca más creativa y escríbela con letra cursiva.

_____

_____

8 Lee los textos que aparecen a continuación, escribe un final para cada uno y coloca los puntos suspensivos.

De pronto vi dos figuras: una, la de un hombre pequeño que marchaba renqueante; la otra era una niña de unos ocho o diez años que salía corriendo a más no poder de una bocacalle. Los dos se encontraron frente a frente al llegar a la esquina y

Otras veces veía el dormitorio de una rica mansión donde su amigo dormía, confiado, un sueño placentero y, de pronto, se abría la puerta, se descorrían la cortinas de la cama, se despertaba el hombre dormido y ahí, a su lado, aparecía

De celebraciones primaverales y vacaciones

Observa

1 Mira la imagen con atención e identifica ocho objetos perdidos que pertenecen a la escuela.

2 Sobre las líneas escribe con letra cursiva los nombres de los objetos perdidos.

_____   _____

_____   _____

_____   _____

_____   _____

El mundo de las letras:
Uso de *ll*: terminaciones *-alle, -ella, -elle, -ello*

Con motivo de la llegada de la primavera, la comunidad de la escuela Emiliano Zapata está organizando una celebración especial. Habrá concursos, juegos, mucha comida, baile y diversión.

1 Lee los carteles que los alumnos prepararon para organizar la celebración.

El equipo **Centella** te invita a participar en un torneo de voleibol en el que también competirán los maestros.

Inscripciones en 5º B.

Con el fin de colocar juegos inflables para los niños pequeños de esta escuela, informamos a los vecinos que la calle principal permanecerá cerrada al tránsito el próximo 21 de marzo.

Papá, mamá: Celebra con nosotros. Date permiso de participar en el chapuzón primaveral.

Un detalle: trae tu traje de baño.

Prepararemos agua de frutas para celebrar la llegada de la primavera.

Trae tu vaso.
No habrá botellas de refresco.

Préstanos los discos de tu música preferida para amenizar el baile.
No faltes, asómate al salón "Destellos" y disfruta el inicio de esta temporada primaveral.

¿Eres bella y te gusta cantar?
Anímate, participa como vocalista del grupo Ellos y Ellas.

Estrenamos el 21 de marzo.

2 ¿Cómo te gustaría celebrar la llegada de la primavera?

_____

_____

_____

3 Fíjate en los carteles de la página anterior y copia las palabras que tengan *ll*.

_____   _____

_____   _____

_____   _____

_____   _____

4 Observa la terminación de las palabras. Escribe otras palabras derivadas en las líneas. Si lo crees conveniente, consulta un diccionario.

Las palabras derivadas tienen su origen en otras, de las cuales provienen; por ejemplo, marino se deriva de mar.

-alle

detalle _____ _____ _____

calle _____ _____ _____

-ello

destellos _____ _____

-ella

bella _____ _____ _____

centella _____ _____ _____

botella _____ _____ _____

5 Completa la regla ortográfica para el uso de *ll*:

Las palabras con terminación _____, _____, _____, _____, se escriben con *ll*.

6 Selecciona cinco de las palabras derivadas que escribiste y elabora una oración con cada una de ellas. Usa letra cursiva.

El mundo de las letras:
Uso de *j:* terminación *-jear*

1 Lee el texto.

Participa en el festival de la lectura en primavera

A partir del próximo domingo podrás asistir a la explanada principal y disfrutar de múltiples espectáculos infantiles; habrá cuentacuentos, distribución de vales para **canjear** por libros, **burbujeantes** bebidas refrescantes y teatro con títeres.

No lo pienses más, no te quedes a **flojear** en casa, mejor ven y déjate impactar por el color y la magia de los libros.

Al **hojear** un libro puedes quedar invitado para **ojear** otra historia.

2 Responde las preguntas.

¿Qué significa la expresión final del anuncio?

_____

_____

¿Qué significa *hojear*? Consulta un diccionario.

_____

¿Qué significa *ojear*? Consulta un diccionario.

_____

3 Escribe una oración con cada palabra.

_____

_____

4 A continuación encontrarás algunos verbos. Encuentra en un diccionario el significado de los que no conozcas.

burbujear   canjear   cojear

flojear   espejear   ojear

¿Cuál es la terminación que se repite en todos estos verbos? _____

5 Conjuga los verbos que aparecen a continuación. Usa letra cursiva.

Yo	flojeo	Yo	hojeé
Tú	_____	Tú	_____
Él	_____	Él	_____
Nosotros	_____	Nosotros	_____
Ustedes	_____	Ustedes	_____
Ellos	_____	Ellos	_____

6 Subraya la terminación de los siguientes verbos, como se ve en el ejemplo.

burbu<u>jear</u>   cojear   flojear   espejear   ojear

7 Completa la regla ortográfica.

Los verbos terminados en _____ se escriben con ___ en todas sus conjugaciones.

Hojear un libro es muestra de flojear con sabiduría.

8 Utiliza algunas palabras de los recuadros para completar el párrafo que aparece enseguida. Usa letra cursiva.

flojear   burbujeante   cotejar   canjear   ojeada

pejear

Mariana le echó una _____ al anuncio y ha decidido _____ sus vales de ahorro para obtener dinero y así _____ un poco estas vacaciones disfrutando de los espectáculos del programa de primavera.

Los signos de puntuación:
Uso de comillas en frases célebres

1 Lee el texto.

"La primavera ha venido, nadie sabe cómo ha sido", escribió el poeta español Antonio Machado (1875-1939).

La primavera es una de las cuatro estaciones del año; comienza con el equinoccio de primavera (entre el 20 y el 21 de marzo en el hemisferio norte y entre el 22 y el 23 de septiembre en el hemisferio sur) y termina con el solsticio de verano (alrededor del 21 de junio en el hemisferio norte y el 21 de diciembre en el hemisferio sur).

La primavera representa un cambio de clima que se refleja en las plantas, pues entre otras manifestaciones aparecen numerosas flores vistiendo alegres y llamativos colores. Esta estación del año es sinónimo de vida, juventud, sol, aire y de todo lo que tiene colorido. Es tan propicia al optimismo que se puede decir, como lo hizo Helen Keller (1880-1968): "Mantén tu rostro hacia la luz del sol y no verás la sombra".

2 ¿Qué opinas acerca de la primavera?

_____

3 Lee con atención las siguientes frases célebres acerca de la primavera y escribe abajo con letra cursiva lo que entiendas de cada una.

"Podrán cortar todas las flores, pero no podrán detener la primavera". Pablo Neruda

_____

"En el corazón de todos los inviernos vive una primavera palpitante..." Gibran Khalil Gibran

_____

"Que la vida sea bella como las flores de la primavera y bella la muerte como las hojas de otoño". Rabindranath Tagore

_____

"Mucha flor en primavera, buen otoño nos espera".
Anónimo (sabiduría popular)

4 Con base en las frases que acabas de analizar, con lo que sabes o consultando a tus compañeros o maestros, responde las preguntas.

¿Cómo se llaman los signos que encierran a las frases?

_____

¿Cómo se usan en estos casos?

_____

¿Todas las frases tienen un autor?

_____

_____

Las frases célebres son pensamientos escritos por poetas, científicos, filósofos o personas reconocidas por su comunidad. Si alguna frase no tiene autor se dice que es anónima, de dominio o de la sabiduría popular.

5 Escribe las frases célebres que acabas de leer en el renglón en donde está su explicación. Usa comillas para marcar el inicio y el final. Anota también el nombre del autor en caso de que lo tenga.

Si haces cosas buenas, cuando seas grande estarás bien.

_____

_____

Aunque hoy estés triste, mañana estarás alegre.

_____

_____

Aunque haya quien se oponga, las cosas bellas y la verdad siempre llegarán.

_____

_____

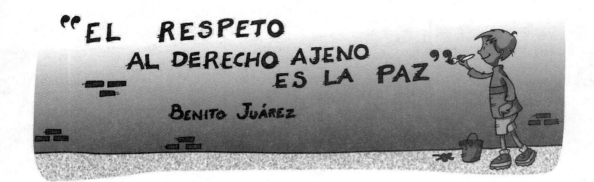

"EL RESPETO AL DERECHO AJENO ES LA PAZ"

BENITO JUÁREZ

Se encierran entre **comillas** (" ") las frases célebres.

6 Coloca las comillas a las siguientes frases y escribe qué crees que significa cada una de ellas.

Una golondrina no hace verano.
(refrán)

_____

_____

En vano se echa la red ante los ojos de los que tienen alas.
Gabriela Mistral (1889-1957)

_____

_____

En caso de vida o muerte se debe estar con el más prójimo.
Antonio Machado (1875-1939)

_____

_____

Si buscas resultados distintos, no hagas siempre lo mismo.
Albert Einstein (1879-1955)

_____

_____

Que algo no funcione como tú esperabas no quiere decir que sea inútil.
(Anónimo)

_____

_____

México, país pluricultural

Observa

1 Mira el mapa con atención.

2 Escribe los nombres de las entidades cuyas características se indican a continuación.

Las ballenas visitan las costas de _____.

Los huicholes, que hacen coloridos "ojos de dios", viven en _____.

Los voladores de Papantla representan una parte del estado de _____.

En _____ se baila la tradicional danza del venado.

Chichen Itzá, una de las siete maravillas del mundo moderno, está en _____.

En el _____, el Palacio de Bellas Artes luce majestuoso.

El _____ está orgulloso de tener en su territorio la gran pirámide del Sol, en Teotihuacan.

►El mundo de las letras:
Uso de abreviaturas para los nombres de las entidades federativas

1 Lee en silencio.

Riquezas de México

En las artesanías mexicanas vemos reflejados nuestros orígenes y costumbres. Gracias a sus formas y símbolos, plasmados en una enorme variedad de objetos elaborados en diversos materiales, se han conservado rasgos característicos de la región donde se producen. Las artesanías pueden ser consideradas parte de nuestra identidad, porque todas ellas son ejemplo de arte y conocimiento, sensibilidad y técnica.

Las piezas de artesanía mezclan los materiales y las técnicas empleadas tradicionalmente en la región con otras técnicas y materias primas modernas. Algunos ejemplos de artesanía mexicana son los siguientes:

- Recipientes de barro elaborados con la técnica llamada "barro canelo", hechas totalmente a mano y pintadas con motivos de flores y de aves. Son características de Tonalá, **Jal**.

- Figuras multicolores hechas con chaquira que se pega con cera de campeche sobre madera o jícaras. Estos trabajos, propios de los indígenas huicholes, se pueden encontrar en Tepic, **Nay**.

- Figuras decorativas y recipientes de barro negro delicadamente torneados y tallados por los habitantes de Coyotepec, **Oax**.

- Soles y lunas de barro natural, figuras de barro azul, piezas de papel amate, hechas por los indígenas nahuas de la cuenca del río Balsas, **Gro**.

2 Responde las preguntas.

De las artesanías mencionadas, ¿cuáles conoces? ¿Por qué?

_____

¿Tienen artesanías mexicanas en tu casa, o las has visto en la de algún familiar o amigo? ¿De qué tipo?

_____

3 Observa lo que se resalta en el texto: son las abreviaturas de los nombres de algunos estados de la República Mexicana. Cópialas y escribe los nombres completos. Puedes consultar a tus compañeros o a tu maestro.

_____ _____ _____ _____

_____ _____ _____ _____

4 Escribe con letra cursiva lo que se te pide a continuación.

Explica lo que entiendes por abreviatura.

_____

¿Estas abreviaturas inician con mayúscula o con minúscula?

_____

¿Qué signo de puntuación se usa al final de las abreviaturas? _____.

5 Completa el siguiente cuadro de abreviaturas de los estados de la República Mexicana. Puedes consultar diccionarios o enciclopedias, o preguntar a tu maestro o compañeros.

Aguascalientes		Nayarit		Hidalgo	
Baja California	B.C.	Nuevo León	N.L.	Jalisco	
Baja California Sur	B.C.S.	Oaxaca		Guerrero	
Campeche		Puebla		Michoacán	
Coahuila	Coah.	Querétaro	Qro.	Morelos	
Colima		Quintana Roo	Q. Roo	Tlaxcala	Tlax.
San Luis Potosí	S.L.P.	Chiapas	Chis.	Veracruz	
Chihuahua	Chih.	Sinaloa		Yucatán	
Durango		Sonora		Zacatecas	
Guanajuato		Tabasco		Distrito Federal	
Estado de México	Méx.	Tamaulipas			

Las **abreviaturas** son formas cortas de representar un nombre, utilizando sólo una o varias de sus letras. Por ejemplo: *Tamaulipas ➜ Tamps*. Siempre terminan con punto y si representan a un nombre propio se escriben con mayúscula.

El mundo de las letras:
Uso de *h* inicial en verbos y sus conjugaciones

1 Lee los textos y observa las palabras resaltadas.

"Lo que puedo **heredar** a mis hijos es la convicción de que los deportistas podemos llegar a ser número uno en nuestro país y en el mundo."

"Todos los deportistas participamos con el ánimo de **honrar** a nuestra patria."

"Los eventos deportivos son una buena oportunidad para **hermanar** a los competidores."

"Cada entrenamiento es una forma de **habilitar** campeones."

"Para resistir la caminata conviene **hidratar** con regularidad nuestro organismo."

"Los espectadores **hallaron** muy emocionante la competencia."

"El competidor **honró** a su país con su conducta tan deportiva."

2 Copia en las líneas las palabras destacadas en el texto anterior. Todas son verbos que inician con *h*.

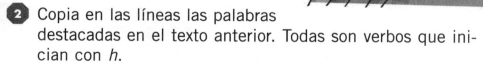

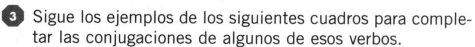

3 Sigue los ejemplos de los siguientes cuadros para completar las conjugaciones de algunos de esos verbos.

	Presente	Pasado	Futuro
Yo	heredo	heredé	
Tú			heredarás
Él	hereda		
Nosotros			heredaremos
Ustedes		heredaron	
Ellos			

	Presente	Pasado	Futuro
Yo	honro	honré	honraré
Tú			
Él			
Nosotros			
Ustedes			
Ellos			

	Presente	Pasado	Futuro
Yo	hidrato	hidraté	hidrataré
Tú			
Él			
Nosotros			
Ustedes			
Ellos			

	Presente	Pasado	Futuro
Yo	habilito	habilité	habilitaré
Tú			
Él			
Nosotros			
Ustedes			
Ellos			

4 Revisa tu trabajo. ¿Escribiste *h* inicial en todos los casos? Si no fue así, corrígelo.

5 Escribe la regla ortográfica que te permita saber cómo se escriben las conjugaciones de los verbos que comienzan con *h*.

_____

_____

_____

_____

Los signos de puntuación: Identificación y uso de asterisco para señalar aclaraciones

1 Lee los textos.

Mañana celebraremos el día de la interculturalidad. Favor de traer materiales* para organizar una exposición.

*piezas de artesanía, fotos de grupos indígenas, piezas bordadas, instrumentos musicales.

Jorge y sus amigos leen historias en el patio.

Han elegido algunas historias que vienen escritas en español y en maya.*

Les divierte mucho tratar de leer en esta lengua.

*La lengua maya se habla actualmente en Yucatán, Campeche y Quintana Roo.

Andy: 8 de junio de 2008

Te recuerdo que es importante guardar en el refri el queso tipo Oaxaca.*

(*Es el de la envoltura amarilla) para que no se eche a perder. Gracias.

Tu mamá.

2 ¿Habías visto este signo (*)? Se llama asterisco. Analiza los textos y escribe para qué crees que sirve en estos casos.

_____

_____

3 En el libro _La tierra del faisán y del venado_, Jorge y sus amigos encontraron el siguiente texto.

El traje del armadillo

Un día Yum K'ax* invitó a todos los animales a una gran fiesta. En la invitación se indicaba que todos debían ir vestidos con sus mejores galas.

El wech** no tenía traje de gala, usaba siempre ropa sencilla, pues, para conseguir comida, debe escarbar en la tierra. Pero por tratarse de una gran fiesta, decidió ir con el sastre para que le hiciera un traje nuevo.

El sastre le tomó medidas y con toda calma empezó a confeccionar el traje, primero con puntadas muy pequeñas y finas. Pero a sólo una semana del gran festejo, el sastre se dio cuenta de que no acabaría a tiempo el traje del wech. Desesperado empezó a hacer cada vez más grandes las puntadas, dicen que por eso el caparazón del armadillo está disparejo.

* El señor del monte.
** El armadillo.

El **asterisco** (*) es un signo que te indica que encontrarás más información o aclararás el sentido de lo que se dice en los textos.

4 ¿Cómo puedes saber el significado de las palabras mayas en el texto anterior?

_____

5 Escribe un recado a tus papás para avisarles que estarás en la casa de un amigo o amiga. Utiliza un asterisco para dar algún detalle extra en tu mensaje. Usa letra cursiva.

6 Pide a alguien que lea tu recado y que revise si el asterisco está bien empleado.

7 Brenda está preparando una exposición sobre los grupos indígenas en México, pero sus notas están incompletas. Ayúdale escribiendo asteriscos donde corresponda.

a) La danza del venado es una danza ritual de los indios yaquis y mayos que se representa en ocasión de las fiestas de la cuaresma. Consiste en una dramatización de la cacería del venado.

* Estos grupos indígenas viven en los estados de Sonora y Sinaloa.

b) Los huicholes habitan principalmente en el norte de Jalisco y el sur de Nayarit, aunque hay comunidades pequeñas en los estados de Zacatecas y Durango.

* Este grupo indígena elabora vistosos "ojos de dios" con estambres de colores.

c) Los rarámuri viven en el norte de Chihuahua. Según la leyenda de los antiguos pobladores de la sierra, el mundo fue creado por Rayénari, dios sol, y Metzaka, diosa luna. En su honor, hoy en día bailan, sacrifican animales y beben tesgüino.

* También se conocen como tarahumaras.

Seres vivos de la ciudad y la selva

Observa

1 Mira la imagen con atención.

2 Dibuja los animales que logres descubrir en la imagen.

El mundo de las letras:
Uso de z en -zuela, -zuelo

1 Lee el texto y observa con cuidado las palabras que se encuentran resaltadas.

La colonia estaba llena de **ladronzuelos** que a cualquier hora del día te arrebataban lo que llevaras encima. Esos **bribonzuelos** no pasaban de los 15 años y eran unos trotamundos molestando al prójimo.

Una mañana, al cruzar la **plazuela**, me encontré con Alicia y con ese encuentro también vino a mí el interés de preguntar por su primo Alfonso. Al respecto ella sólo agregó:

—Está convertido en un **escritorzuelo** de cuentos. Es un autor de segunda, que ahora quiere hacernos creer que es el creador de famosas historias de animales.

2 Realiza las actividades.

Imagina la colonia de la que se habla y descríbela con más detalle.

_____

_____

_____

Describe a Alicia.

_____

_____

_____

Las palabras destacadas se escriben con z. ¿Qué se indica con ellas?

_____

_____

Excepto mocosuelo, las palabras con terminación *-zuela* y *-zuelo* se escriben con z. Esta terminación se agrega a sustantivos para señalar que son de poco valor, sin importancia. En la mayor parte de los casos denotan desprecio.

3 Elige tres palabras del texto que lleven la terminación -zuela o -zuelo y escribe una oración con cada una de ellas.

_____

_____

_____

4 Transforma los siguientes sustantivos agregando la terminación -zuela o -zuelo, según corresponda.

	Masculino	Femenino
joven		
moza		
jardín		
hombre		

5 Utiliza alguno de los sustantivos que acabas de transformar para escribir un texto. Usa letra script.

6 Completa la regla ortográfica.

Las palabras como *ladronzuelo* y *ladronzuela*, por terminar en _____ y _____ se escriben con ___.

7 Encuentra las palabras de las que se derivan *mozuela*, *plazuela*, *bribonzuelo* y *ladronzuelo*. Escríbelas en las líneas.

mozuela	
plazuela	
bribonzuelo	
ladronzuelo	

El mundo de las letras:
Uso de verbos terminados en *-ger*, *-gir*

1 Lee el texto.

La guerra del grillo y el león

Estaba un león echado rascándose las pulgas cuando un grillo brincó sobre su lomo y empezó a cantar.

Al león no le gustó ese canto, ni que el grillo estuviera sobre su lomo. Así que **rugió** muy enojado y dijo:

—Si encuentro a ese cantante me lo comeré.

El grillo **corrigió** su canto y **escogió** otra melodía. Acomodado como estaba sobre el lomo del león, endulzó todavía más su voz.

El león, cada vez más enojado, aseguró:

—Si me entero quién eres, animalejo, haré la guerra a toda tu especie.

El grillo, ya indignado, brincó frente al león y contestó:

—Soy el grillo y acepto hacer la guerra contigo pese a tu poder. Pero no hoy, sino mañana, pues así tendremos tiempo y **elegiremos** mejor a nuestros soldados.

2 Contesta con letra cursiva.

¿Qué animales crees que conformaron el ejército del grillo?

_____

¿A qué animales crees que logró convocar el león?

_____

¿Quién crees que haya resultado vencedor?

_____

3 Escribe un final para esta historia en tu cuaderno. Utiliza alguno de los verbos conjugados que están resaltados en el texto. Puedes agregar una frase célebre o un refrán como recomendación final.

4 Copia los verbos que aparecen resaltadas y escribe en el espacio su infinitivo.

_____ _____

_____ _____

_____ _____

_____ _____

5 Escribe la conjugación en presente de los siguientes verbos. Fíjate en el ejemplo.

Los verbos en infinitivo terminan en **ar, er, ir**: *caminar, comer, escribir*.

rugir	corregir	escoger	elegir
rujo			
ruges			
ruge			
rugimos			
rugen			
rugen			

6 ¿En qué caso cambió la *g* por la *j*? ¿Por qué?

_____

_____

Los verbos terminados en *-ger* y *-gir* conservan la consonante **g** al conjugarse (*corriges, corrigió*); sin embargo, cuando se conjugan en presente, en la primera persona del singular, debe utilizarse *j*, pues ante *a*, *o* y *u* la **g** representa sonido suave.

7 Ordena las sílabas y escribe la palabra correcta. Se trata de verbos cuyo infinitivo termina en *-ger* o *-gir*.

gie   ron   ru   _____

li   e   jo   _____

ri   gi   di   rán   _____

Los signos de puntuación:
Utilización de llaves en cuadros sinópticos

1 El grillo hizo las listas de sus soldados. Como su plan era secreto, no dejó ver los nombres de sus aliados; sólo organizó la información. ¿Con quiénes contaría? Escríbelo en los espacios señalados.

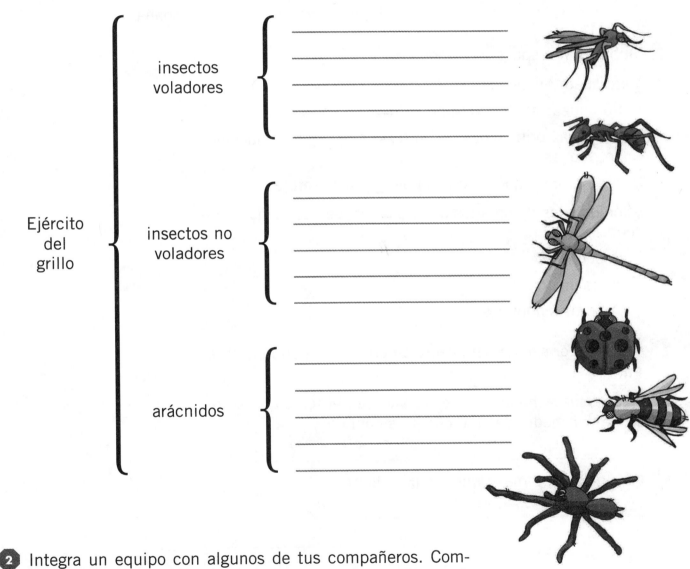

Ejército del grillo

insectos voladores

_____
_____
_____
_____
_____

insectos no voladores

_____
_____
_____
_____
_____

arácnidos

_____
_____
_____
_____
_____

2 Integra un equipo con algunos de tus compañeros. Compartan la información de sus cuadros y elaboren uno general que presente las respuestas de todos los integrantes.

3 Consulten una enciclopedia o un diccionario temático para comprobar que todos los animales anotados en los cuadros sean insectos y arácnidos.

4 Lee esta información:

Independencia de México
- causas internas
  - La injusticia
  - La pobreza
  - La desigualdad
- causas externas
  - Las ideas de libertad en otras partes del mundo
  - La independencia de Estados Unidos
  - La invasión de Francia a España

5 Subraya la respuesta correcta.

Este cuadro presenta:

Sólo ideas sueltas que no se relacionan.

Las ideas principales de un texto mayor y las relaciones entre ellas.

Toda la información disponible en una lectura.

¿Cómo se les llama a los cuadros o esquemas como el anterior?

Resúmenes

Narraciones

Cuadros sinópticos

6 Con la información del cuadro sinóptico, responde las preguntas.

¿Qué tema general se está tratando en el texto que se resume por medio de este cuadro sinóptico?

_____

¿Cuántos subtemas tiene y cuáles son?

_____

_____

_____

_____

¿Cuántas causas internas y cuántas externas, según el cuadro, estuvieron en el origen de la guerra de Independencia?

_____

El **cuadro sinóptico** es un resumen esquematizado que tiene la ventaja de presentar visualmente la estructura y la organización del contenido de un texto. Generalmente se elabora con ayuda de llaves ({ }).

7 Observa las imágenes y el cuadro sinóptico para responder las preguntas y realizar las actividades.

¿Qué palabra hace falta en la llave principal? Encierra en un círculo la respuesta correcta y escríbela en el cuadro.

   Seres vivos   Animales   Vegetales

Escribe las palabras que hacen falta en las llaves secundarias.

Completa el cuadro anotando nombres de animales que correspondan a cada categoría. Incluye los que están ilustrados y agrega algunos más.

terrestres

77

Las comunicaciones en el siglo XXI

Observa

1 Encuentra los objetos relacionados con una computadora que están escondidos en la ilustración y anótalos en las líneas de abajo.

_____ _____ _____

_____ _____ _____

El mundo de las letras:
Uso de *b* en sufijos *-able*, *-ible*

1 Lee el texto.

En los últimos años, el desarrollo de la computación ha tenido una evolución **considerable** e **imparable**. En la actualidad es **impensable** estudiar, investigar y crear sin el apoyo de una computadora. Los precios cada vez más **accesibles** de los equipos de cómputo han facilitado este proceso.

La influencia de este instrumento tecnológico es tanta que incluso se puede observar en el lenguaje cotidiano: palabras como *Internet, correo electrónico, módem, impresora, mouse,* ya forman parte de las conversaciones de todos los días.

El uso de la computadora permite a los alumnos aprender a su propio ritmo y explorar diversos caminos para investigar. Con tanta información **disponible**, es seguro que esa herramienta se vuelva un elemento **insustituible** y de uso común en el aprendizaje.

2 Completa las siguientes oraciones con las palabras resaltadas en el texto anterior.

Una vez iniciada la carrera, la concentración te vuelve _____ _____.

Tu avance en el aprendizaje ha sido _____ en este mes.

¡Dejar la escuela es _____!

El costo de los boletos del Metro es muy _____.

¿Estarás _____ para ir a la fiesta del sábado?

Un amigo solidario es _____.

¡Imparable!

3 Juega con tus compañeros a la "Papa caliente".

Necesitan un muñeco pequeño de peluche, una canción o melodía alegre, un reproductor de música, alguien encargado de poner y quitar la música. ¿Cómo jugar?

Formen un círculo.

Pongan el disco y conforme suene la música pasen de mano en mano el muñeco de peluche.

A los pocos segundos de escuchar la música, el encargado detiene la melodía.

Quien se haya quedado con el muñeco, tendrá que decir una palabra terminada en *-able* o *-ible*.

Quien no pueda decir la palabra o quien se equivoque tendrá que dejar el juego.

4 ¿Qué palabras dijeron tus compañeros? Escribe las que recuerdes.

_____

_____

_____

5 Utiliza las terminaciones *-able* o *-ible* para modificar los siguientes verbos. Fíjate en el ejemplo.

masticar <u>masticable</u>   remediar _____

convertir _____   medir _____

vulnerar _____   temer _____

El mundo de las letras:
Uso de *x* en palabras con *ex*, *extra*

1 Lee estos textos.

El ciclo escolar casi concluye; para cuidar todos los detalles de la ceremonia de fin de cursos, el director ha pedido a algunos alumnos de cada grupo que elaboren algunos letreros en la computadora. Los mensajes aparecen a continuación.

Aviso <u>extraordinario</u>

¿Eres <u>ex becario</u>? Si quieres participar en la organización de un fin de cursos diferente, asiste a nuestra reunión informativa en el patio central el próximo lunes a la hora del recreo.

Atención <u>ex alumnos</u> amantes del teatro y la actuación

Los alumnos de la escuela Ramos Arizpe les hacemos una cordial invitación a participar como <u>extras</u> en la puesta en escena de la obra *Los árboles mueren de pie,* que se presentará con motivo de la fiesta de clausura del ciclo escolar.

Ensayo general: viernes 25 de junio a las 8:00 horas.

Lugar: Salón de usos múltiples.

Mayores informes con los representantes de grupo.

2 Utiliza las palabras y expresiones que subrayadas para redactar una pregunta con cada una de ellas y conocer más detalles sobre las actividades de esa escuela.

_____

_____

_____

_____

3 Analiza las palabras *ex alumno, ex becario, extraordinario* y responde.

En estos casos, ¿cuál es el significado de *ex* y *extra*?

_____

_____

4 Escribe cuatro palabras que lleven las partículas *ex* o *extra*.

_____

_____

> Las partículas **ex**, **extra** con significado de *fuera de…*, *hacia fuera, que ya no es, que ocurre fuera de…* se escriben con **x**.

Otras palabras también se escriben con **ex** al principio, aunque la partícula no tenga el significado de *fuera*, *que ya no es*, como en las siguientes: *exagerado, exacto, extraño, excusa.*

5 Juega "carreras de caballos" con un compañero o compañera, con las siguientes reglas.

Tira un dado y avanza las casillas que indique.

Si cae en una casilla que diga *ex*, tienes que escribir una palabra que lleve esa partícula.

Si te equivocas o no dices ninguna palabra pierdes un turno.

¿Están listos? ¡Aaaarrrraaaanncannnn!

Utiliza las líneas para escribir tus palabras.

_____

_____

_____

_____

6 Elige tres de las palabras que anotaste en las líneas anteriores y escribe una oración con cada una.

_____

_____

_____

Los signos de puntuación:

Identificar y usar signos de puntuación y símbolos en Internet

1 Lee los textos.

Error de programación (fragmento)

UNO

El robot observó cómo se divertía Diego hasta que apagó el casco.

—¿No puedes pensar en algo mejor?

El robot quiso decir que no pensaba, sino sólo procesaba millones de datos por segundo, que barajaba miles de soluciones programadas y escogía las que ofrecieran mayores posibilidades de éxito, pero se quedó callado. Vio cómo Diego entraba en su recámara. No entendía a los humanos y menos a los que tenían nueve años de edad.

DOS

El robot metió el disco —una enciclopedia digital— dentro de la ranura que tenía en la cabeza. En su interior, en una pantalla que sólo él podía ver, parpadeaba la palabra *BÚSQUEDA*, tecleó "mentalmente" hasta que apareció la palabra *NIÑOS*. El disco empezó a girar y en menos de un segundo analizaba las 14 millones de veces que esa palabra era mencionada en la enciclopedia, pero no halló solución al aburrimiento de Diego. [...] Entonces, un error de programación, una coma puesta fuera de lugar, permitió que el robot tuviera una idea propia.

TRES

El robot llamó a la puerta de la recámara de Diego.

—¿Y ahora? —preguntó el niño.

—Te voy a contar la historia de cómo el conejo engañó al tlacuache.

—¿Qué es un tlacuache?

El robot buscó la palabra en la enciclopedia electrónica y sintió que iba por buen camino.

Era una historia buenísima y el robot un excelente narrador que a la mitad del cuento dijo:

—Y entonces, ¿qué crees? Que el conejo tuvo una idea...

—¿Cuál? —preguntó interesado Diego.

—Mañana te digo, porque es tarde y tienes que dormir.

—No es justo. Acaba con el cuento.

—Hoy no —contestó la máquina mientras cobijaba a Diego—. Hasta mañana. [...]

Al día siguiente el robot concluyó la historia e inició otro relato que dejó a la mitad, con la promesa de terminarlo la noche siguiente. Y esa noche sucedió lo mismo, igual la que siguió, y la que vino después. [...]

Diego no se aburrió nunca más de escuchar al robot que, por un error de programación, tenía una gran imaginación para inventar historias y, de repente, hasta parecía tener sentimientos.

Bernardo Fernández, *Error de programación.* Fabricio Vanden Broeck (Ilus.).
México, ECO/Consejo Nacional para la Cultura y las Artes, 1998. pp. 15-24.

Preguntas frecuentes (fragmento)

—Mamá, ¿podemos comprar una computadora?

Si tuviéramos una en casa podría hacer ahí la tarea y mis reportes. Además, papá no tendría que quedarse tan tarde en la oficina; podría hacer una parte del trabajo aquí. ¡Tú también podrías hacer muchas cosas en ella! Y si nos conectamos a Internet, yo podría platicar con mis amigos al instante, jugar, enviar mensajes; podré encontrar y utilizar muchísima información, resolver un sinfín de problemas y comunicarme con muchísimas personas.

Donna Rice Hughes y Pamela T. Campbell (colaboración), *Niños en Internet.*
Cómo proteger a sus hijos en el ciberespacio. México, Oxford, 2000, p. 1.

El vocabulario de las computadoras

Algunos términos usados en el medio de las computadoras provienen de otros campos; por ejemplo:

El transporte: motor, navegar, supercarretera.

La comida: cookie, menú, servidor.

Objetos comunes: ligas, ratón, red, sitio, web.

La biblioteca: marcador, explorar, página de inicio.

Movimientos o sonidos: clic, arrastrar.

Otros términos nos recuerdan los manuscritos de la Edad Media, como icono, cursor...

Donna Rice Hughes y Pamela T. Campbell (colaboración),
Niños en Internet. Cómo proteger a sus hijos en el ciberespacio.
México, Oxford, 2000, p. 6.

2 De acuerdo con la primera lectura, ¿qué tienen en común el robot y las computadoras que conoces?

_____

_____

_____

_____

¿En qué son diferentes?

_____

_____

_____

3 En el primer texto, que es un cuento, se da a entender que la lectura puede ser mucho más divertida que las actividades informáticas. ¿Qué piensas tú?

_____

_____

4 ¿Qué opinas acerca de las razones de la niña de la segunda lectura para comprar una computadora?

_____

_____

5 Si no conoces alguna palabra la tercera lectura, pregunta su significado a tus compañeros, a tu maestro o a algún adulto y escríbelo en las siguientes líneas.

_____

_____

6 Observa la página de Internet y coloca ante las flechas los números que correspondan de la lista siguiente.

1 Significa "atrás".

2 Significa "adelante".

3 Quiere decir "inicio".

4 Contiene tus sitios favoritos.

5 Si lo oprimes, imprimirás la página.

6 Botón que significa actualizar.

Reglas ortográficas

Uso de *b*

Siempre se escribe *b* antes de *r*. Por ejemplo: *bribón*, *brasa*, *cabra*.

Uso de *c*

Las palabras que acaban en *-ancia* o *-encia* se escriben siempre con *c* en su última sílaba. Por ejemplo: *tolerancia* y *paciencia*. Excepción: *ansia* y *hortensia*.

Uso de *j*

Las palabras que terminan en *-aje*, *-jero*, *-jera* y *-jería* se escriben con *j*. Por ejemplo: *drenaje*, *cerrajero*, *relojera* y *cerrajería*. Excepción: *ligero*.

Uso de *g*

Se escriben con *g*:

- Las palabras que empiezan con *geo-*, *gen-* y *gest-*. Ejemplos: *geografía*, *gentileza*, *gesticular*.
- Los verbos terminados en *-ger*, *-gir* y *-gerar*, excepto *tejer* y *crujir*. Ejemplos: *fingir*, *recoger*, *exagerar*.
- Las palabras que terminan en *-gen*. Ejemplos: *margen*, *virgen*.

Uso de diéresis (¨)

La diéresis (¨) indica que la *u* suena entre la *g* y la *e* o la *i*. Por ejemplo: *cigüeñal* y *vergüenza*.

Posición de las sílabas

Las sílabas de una palabra reciben un nombre de acuerdo con su posición. Se cuenta del final de la palabra al inicio: última, penúltima y así sucesivamente.

Por ejemplo:

ca	*ba*	*llo*
antepenúltima	penúltima	última
	ca	*sa*
	penúltima	última

Acento prosódico y gráfico

La sílaba que se pronuncia con mayor intensidad en una palabra se llama **sílaba tónica**.

Algunas palabras pueden tener una línea inclinada (´) sobre su vocal tónica. A esta marca se le denomina **acento gráfico**.

Cuando la sílaba tónica no se marca con el acento escrito (´) se dice que tiene **acento prosódico**.

NOTA: Toda palabra de más de una sílaba tiene sílaba tónica, ya sea que esté marcada con un acento gráfico o no.

Acentuación de palabras

Las palabras cuya sílaba tónica es la **antepenúltima** se llaman **esdrújulas** y siempre llevan acento gráfico. Por ejemplo: *música*, *régimen* o *físico*.

Las palabras cuya sílaba tónica es la **penúltima** se llaman **graves**. Llevan acento gráfico cuando **no** terminan en vocal, *n* o *s*. Por ejemplo: *trébol*, *árbol*, *mármol*.

Las palabras cuya sílaba tónica es la última se llaman **agudas**. Llevan acento gráfico cuando terminan en vocal, *n* o *s*. Por ejemplo: *colibrí*, *acción*, *guardarás*, *buscó*.

Abreviatura

Una **abreviatura** es una manera de escribir una palabra usando sólo unas cuantas letras. Por ejemplo: *gpo.*, en vez de *grupo*.

Uso de mayúsculas

Las mayúsculas se usan:

- En nombres propios.
- Al principio de un párrafo y después de punto y seguido.
- En algunas abreviaturas e iniciales.
- En siglas de organizaciones e instituciones.

Signos de puntuación

Se usa **punto** (.) al final de cada oración. Cuando después de la oración se sigue escribiendo en el mismo renglón, se dice que es un **punto y seguido**; en cambio, cuando el párrafo se acaba con ese punto, se dice que es un **punto y aparte**.

Cuando se trata de una oración con sentido interrogativo, como una pregunta, se escriben **signos de interrogación** (¿?) al inicio y final. De manera parecida, cuando la frase expresa una emoción fuerte, ya sea de sorpresa, alegría, enojo o tristeza, se escriben **signos de admiración** (¡!).

Se usan **dos puntos** (:) en los siguientes casos:

- Después del nombre del destinatario de una carta. Por ejemplo: *Querido Raúl: ...*
- Antes de una enumeración. Por ejemplo: *Documentos oficiales: acta de nacimiento, credencial de elector, pasaporte, cartilla...*
- Después de la frase *por ejemplo*.

Esta obra se terminó de imprimir en marzo de 2019
en los talleres de Impresora y Editora Xalco, S.A. de C.V.
www.grupocorme.com
Tel. (55) 5784-6177